문학과지성 시인선 125

먼지의 집

이윤학 시집

문학과지성사에서 펴낸 이윤학의 시집

붉은 열매를 가진 적이 있다(1995)
아픈 곳에 자꾸 손이 간다(2000)
꽃 막대기와 꽃뱀과 소녀와(2003)
그림자를 마신다(2005)
너는 어디에도 없고 언제나 있다(2008)
나를 울렸다(2011)

문학과지성 시인선 125
먼지의 집

초판 1쇄 발행 2013년 9월 23일
초판 9쇄 발행 2019년 4월 5일

지 은 이 이윤학
펴 낸 이 이광호
펴 낸 곳 ㈜문학과지성사

등록번호 제1993-000098호
주   소 121-894 서울 마포구 잔다리로7길 18(서교동 377-20)
전   화 02)338-7224
팩   스 02)323-4180(편집)   02)338-7221(영업)
전자우편 moonji@moonji.com
홈페이지 www.moonji.com

ⓒ 이윤학, 1992. Printed in Seoul, Korea

ISBN 978-89-320-0592-8

* 이 책의 판권은 지은이와 ㈜문학과지성사에 있습니다.
  양측의 서면 동의 없는 무단 전재 및 복제를 금합니다.

문학과지성 시인선 125
먼지의 집

이윤학

1992

自 序

한곳에서 두번째 겨울을 맞는다.
가끔씩 어두운 터널 속에 꼼짝없이 갇혀 지낸다는
생각을 한다. 살아가는 일이, 터널 속에서
출구를 찾는 의미밖에 없다고 한다면
얼마나 비참해지겠는가.
답답함의 강도는 더해가고
어디에도 출구는 없다.
그러나 아직은 견딜 만하다.

견딜 수 없을 때를 미리 생각해두는 것은
어리석은 짓이다. 약해진다는 증거다.

1992년 11월
이 윤 학

먼지의 집

차 례

■ 自 序

I

오동나무/11
제비집/12
그 노인/13
개구리/14
달팽이의 꿈/16
구더기의 꿈/17
눈을 뜨고 죽은 파리/18
좀 약/19
잠자리 한 마리가 거미줄을 통과할 때/20
구더기/21
염소를 위하여/22
청소부/24
화살──생선구이/26

II

바퀴벌레의 춤/29
죽음, 변하지 않는──노가리/30
솜공장에서──먼지/32
망둥어/34
火 傷/35

불　면/36
사철나무——지일에서/38
　　　　　　　沙　金/39
　　　　　　成歡. 1980/40
　　　　成歡——저녁 노을/43
　　　　　배나무집 女子/44
　　　　　　　　1985년/46
　　　　成歡——가을밤/48
　　　　　　　慶　州/49
　　　　　　　빙　판/50
　　　　　잠만 자는 房/52
　　　　　　꽃봉오리들/53
　　　　　　겨울 나무 1/54
　　　　　　겨울 나무 2/55

　　　　　　　　　Ⅲ
　　　　　　판교리 1/59
　　　　판교리 2——무덤/60
　　　　판교리 3——鹽田/61
　　　　판교리 4——鹽田/62
　　　　　　판교리 5/64
　　　　　　판교리 6/65
　　　　판교리 7——억새/66
　　판교리 8——먼지의 집/67
　　　　판교리 9——돌/69
　　　콘크리트 골격 속/71

농사달력/72
우비 속의 어머니/73
옻나무/74
半만 환한 달의 房門/75
향나무/76
측백나무 1/77
측백나무 2/78
측백나무 3──간이역/79
측백나무 4/80
촉수 낮은/82
잔디씨/83

▨ 해설·동물 알레고리의 가능성·김주연/84

I

오동나무

그의 빈속으로 들기 위하여
나는 그 나무를 자를 수는 없었다
깊은 생각으로 불면의 나뭇잎을
흔들었는데, 쥐어뜯었는데 달빛이 한 바가지
쏟아져 몽글몽글 피어오르고 있었다
피어오르고 있었다, 먹고 싶은 생각이
멀리멀리 떠나고

고요하여라, 바닥에 떨어진 부채
입을 모으며 부서지는 추억,
벌레는
벌레는, 저렇게 높은 곳에서 무얼 하나?

제비집

제비가 떠난 다음날 시누대나무 빗자루를 들고
제비집을 헐었다. 흙가루와 함께 알 수 없는
제비가 품다 간 만큼의 먼지와 비듬,
보드랍게 가슴털이 떨어진다. 제비는 어쩌면
떠나기 전에 집을 확인할지 모른다.
마음이 약한 제비는 상처를 생각하겠지.
전깃줄에 떼지어 앉아 다수결을 정한 다음날
버리는 것이 빼앗기는 것보다 어려운 줄 아는
제비떼가, 하늘 높이 까맣게 날아간다.

그 노인

봄이 왔다. 담쟁이넝쿨 뻗어나와 그 집
흙벽을 덮는다. 봄에 얼어 죽은 노인이 살던 집
처마끝 제비집, 바람에 검불들 흔들린다. 백발의 노인은
꺼칠한 수염을 달고, 마루 끝에 서서 먼 산을 바라보곤 했다.
공동묘지에 핀 억새꽃 물 묻어 더욱 빛나고 있었다.
화단에 국화꽃 노랗게 피고 하눌타리 열매 울타리마다
열렸다. 아무도 따지 않는 열매들 붉어져갔다. 해마다
그랬다.

노인이 죽고 빈집에 봄이 왔다. 노인이 살던 집 뒤에
잔뜩 비틀어진 소나무 위에, 까치가 집을 짓기 시작했다.
휘어지는 소나무 가지에 앉아 있는 까치 한 쌍이
보였다.

검불 같은 수염의 노인은 평생 홀아비였다.

개구리

 봉현이 형은 방위병이었다. 그는 한 마리 개구리였다.
 죽은 다음에 강해졌다. 강해지기 위해
 죽었다. 입을 닫고 눈을 부릅떴다. 살아 남은 者는
 약하다, 그래서 울음 주머니가 필요하다.

 그를 낳아준 사람은 없었다. 그는 하늘에서
 쪽다리 밑으로 떨어졌다. 길가에 내팽개쳐진
 한 마리 개구리였다. 흙 위에 짧고 흰 혀를 쏟아놓고
 뒤집혀 죽은 개구리, 개구리는 때묻지 않은 쪽박을
 갖고 있다. 타고 갈 배 한 척을 준비하고 있다.
 바다까지 끌어줄 일꾼을 기다리고 있다. 햇살이 눈부시게
 하얀 배 위에서 빛나고 있었다. 경련이
 영혼을 데리고 어디론가 떠날 때까지
 영혼에 묻은 불순물을 털어내는 것처럼
 온몸이, 사정없이 떨렸다. 감지 못한 눈이
 흰자위로 가득찰 때까지.

 그는 자주 영혼을 불러냈다. 혼자서 중얼거리곤 했다.

쉽게 구겨질 것 같은 창백한 얼굴의 그가
어느 날 갑자기, 우리 곁을 떠났다. 울음 주머니 하나
말라 비틀어졌다.

달팽이의 꿈

집이 되지 않았다 도피처가 되지도 않았다
보호색을 띠고 안주해버림이 무서웠다
힘겨운 집 하나 꾸리고
기우뚱 기우뚱 어디로 가는지 모르면서
얼굴을 내밀고 살고 싶었다 속살을
물 위에 싣고 춤추고 싶었다
꿈이 소박하면 현실은 속박쯤 되겠지
결국은 힘겨운 집 하나 벗으러 가는 길
희망은 낱개로 흩어진 미세한 먹이에 불과한 것이다
최초의 본능으로 미련을 버리자
또한 운명의 실패를 감아가며
덤프 트럭의 괴력을 흉내라도 내자
아니다 아니다 그렇게 쉬운 것은
물 속에 잠겨 있어도 늘 제자리는 안 될걸
쉽게 살아가는 방법이 있을까?
입으로 깨물면 부서지고 마는
연체의 껍질을 쓰고도
살아갈 수 있다니

구더기의 꿈

구더기는 몸담고 살던 구덩이가 싫어졌다
배가 불러오기 시작했다 기어올라가야 했다
구덩이에서 알을 깔 수는 없었다
더러운 生을 물려줄 수는 없었다
알이 눈에 띄게 커지고 몸이
투명해지기 시작했다 너희들만은
깨끗한 곳에서 먹이를 찾아야 한다
목숨을 위해 더러운 곳으로 떨어지지
말아야 한다 터질 듯이 부른 뱃속의 알을 끌고
수렁을 벗어났다 구더기는
목숨이 다할 때까지 아무도 모르는 곳으로 가
알을 낳았다 구더기는 빈 몸이 되어
눈부셨다

호기심 많은 눈을 뜨고 빛을 몰고
밖으로 나가는 새끼들

눈을 뜨고 죽은 파리

뒤집힌 숟가락 위에도 파리는 앉아 있다
파리는 오랫동안 옮겨 앉았다 정육점
전자저울 위에도 앉아 보았다 그러나 그러나 무엇 하나
변화시키지 못했다 옮겨다니며 알을 까고 싶었다
배를 깔고 잠든 사이에도 체온이 그리웠다
식은밥 위에서도 마른반찬 위에서도 낮은
곳에서도, 천장 위에서도 파리는 배를 깔고
알을 품었다

종지의 간장 위에도 파리는 배를 깔고
싶었다 시커멓게 밑이 보이지 않았다
파리는 살색을 닮은 검은 물 위에 둥둥
떠 있었다 퉁퉁 불어터진 파리의 누런
배가 깔고 있는 간장 속에서 하얗고 자잘한
그 무엇이 무수히 떠올랐다 죽은 파리는
눈을 뜨고 있었다 태어난 새끼들을 쳐다보고
있었다 밥상보를 들치고 들어가야 할 새끼들
쫓겨다니며 하루하루를 살아가야 할 나의 새끼들

좀 약

딱딱한 하얀 몸, 야광체처럼 나 여기 있어
그대로 있어 멍이 지워지는 모습 빛내면서, 발견되고 싶어했다
그런데 내가 가진 것 전부는 냄새뿐이고 밖으로 끝없이
벗어나고 싶어했다. 나는 매달려 생을 다 허비하고 말 거야
나 여기 있어, 나 여기 이렇게 허공을 느끼고 있어
소리쳐도 냄새뿐인 것을. 나를 가두는 것이 있다면
밑으로 끌어내리는 힘이었다. 알 수 없는 끝내 느낄 수도 없는
시간이었다. 나는 천천히 지워져갔다 단단해지면서.

나는 전체가 알맹이였고 전체가 나를 벗어버리는
욕망이었다, 덩어리였다. 결국 내가 잃은 것은
투명하지 못한 시간이었다.

잠자리 한 마리가 거미줄을 통과할 때

정들었던 지상에서 발을 떼는 순간부터 문제이다
잠자리 한 마리가 꿈틀거리기를 멈췄을 때
문이 열리듯, 거미줄이 팽팽해지고, 햇살이
거미줄을 통과해 간다 하늘은 언제나 한계를 보이는
유혹일 뿐이다 우리는, 그 유혹을 충분히 음미할 필
요가 있다

날아오르며 땅을 두드릴 수는 있어도
수많은 벽을 일일이 두드리고 지나갈 수는 없다
잠자리 한 마리가 남기고 간 것은
거추장스러운 빈 껍질뿐이다

투명한 잠자리의 영혼은 얼마나 고독할까!

구더기

한 마리의 새가 죽어갔다. 한 가지 표정으로
굳어 있다. 응달에 흩어져 있는 새가 남긴 털들
한때는 새털이었던 털들이 흩어지고
털을 잃은 몸이 웅크리고 있다. 털들은 더 넓은 곳으로
흩어지고, 새의 죽음은 더 넓은 곳으로 퍼진다.
오그라든, 틀이 안 맞는 발가락들, 빛을 잃은 발톱들이 남긴
검은 그림자, 높은 곳에서 반들거리던 털들이 흩어지고
새 가슴에 구멍이 뚫렸다. 문을 열고 줄지어, 뿔뿔이 흩어지는
수십 마리의 구더기⋯⋯ 검은 점을 하나씩 달고⋯⋯ 날아다니던
구더기, 엉금엉금 기어간다. 너무 오래 갇혀 지냈다.

염소를 위하여

검은 몸 속으로 푸른 들판이 들어와 뛰어논다
언젠가는 벗어던져야 할 짐승의 가죽, 무수히
가시가 돋아났다 이 몹쓸 느낌의 대낮
염소는 물 속에 몸을 던졌다
물 속에서 뿔이 구부러져 흘러갔다 이제
몸을 던질 차례다 그러나, 그러나 아직은
물 속까지 닿아 있지 않은 말뚝의, 고삐의 당김이
목을 껴안고 흐느끼게 했다

지루한 여름의 태양이 지나갔다 염소는 서 있었다
낮 동안 풀을 뜯어먹었다 굴레 속에 발자국이 푹푹
박혀 있었다 훅훅 숨을 몰아쉬게 했다
이 헛배 불룩한 몸뚱이, 몸무게,

염소는 무릎을 꿇었다 이제 아프지 않은 상처,
딱지가 떨어져나간 지 얼마나 되었을까?
배고픔은 잠시, 절망을 잊게 한다 검은 몸 속으로
푸른 들판이 들어와 식욕을, 본능을 불러낸다

햇살은 가죽을 뚫고 들어왔다

서글피 뜨거워지는 피, 고개가 흔들린다
뿔이 돌아와 흔들리고 멍에가 느껴진다
어디서 나온 것들인지, 탑세기가 미세하게
떨어진다

멀리에서 언덕이 가로막으면 가려움이 생각나고
참을 수 없는 검음, 컬컬함, 웃음 소리……

찔끔, 오줌을 깔기고 이곳을 떠나는 것이다

입을 벌리면
붉은 혓바닥의 까슬까슬 돋는 울음 소리 들리지 않는, 시원한
푸른 들판을 맨발로 뛰어가는 꿈을 꾸고 있다
염소는,
저도 모르는 사이에 불쑥 서 있곤 했다

말뚝을 끌어 잡아당기고 있다

불그스름 황혼의 들판에서,
검은 수염 휘날리며 염소는

청소부

누워 있는 것도 벽이었다. 출근길 서둘러 밟고 온
보도블럭에도 무늬가 있었다. 단색 세포처럼 또박또박
놓여 있었다. 밟히면 들고 일어나기도 했다. 기우뚱
거리며 빗물을 토해내기도 했다.

모든 것은 줄지어 서 있었다.
길을 만들며 스스로 자라야 했다.
한번쯤 앞서고 싶은 길
바람을 견딘 만큼 몸으로 주름이 잡혔다.
지워지는 혈관을 찾아 나는 불안하게
흔들려야 했다.

햇살은 구름 사이로만 쏟아졌고 아이들은 티눈처럼
자라 있었다. 엉킨 뿌리를 들고 일어났다.
태풍이 겹겹으로 껴입은 주름을 더듬고 갔다.
그리고 바람이 통 없는 날 고개를 숙여야 했다.

아이들은 조금씩 흔들릴 때 아름다웠다.
껴안은 모든 것들 속에서 너희들은 동티처럼

부활했다. 바람이 불지 않는 날 소문없이 떨어질
나를 위해 남아 있어야 했다. 깨끗한 너희들,

밟히는 족족 주름을 벗고 탄생하는 은행알들.

화 살
―― 생선구이

  가죽이 터진 채 굳게 입을 다물고
  버티고 있다 저 통통한 시체의 과거,
  우리의 입맛은 과거를 동경하고 있다
  저놈도 언젠가, 물 속에 버려졌을 것이다 버림받고
떠돌다
  무언가에 놀라 뜨인 눈이 쉽게 감기지 않는다
  아픈 곳에 눈길을 줄 수도 없는 물고기 한 마리가
  놀라움에 약한 가죽을 열고 괴로운 비밀의
  하얀 속살을 불쑥 토해냈다 피 한 방울 묻어 있지
않은
  눈부심의 속살, 우르르 달려드는 눈길……

  김이 빠져나오는 찢어진 가죽, 고통은 참을 수 없는
뜨거움인가!
  몸을 감싸주던 체온이 사라진 후
  동그란 물고기의 한쪽 눈이 남는다
  놀라움에 조금씩 가죽을 찢었을, 잠들지 않는 눈
  나는 얼마나 많은 저 눈깔을 빼먹었던가

  깊은 물 속을 헤쳐 온 물고기의 가시는 앙상하게
  꼬리를 향하여, 무수히 활처럼 휘어져 있다

II

바퀴벌레의 춤

끔찍한 일이다. 말을 못 알아듣는 짐승 앞에서 버젓이
살기 위해 애원의 손바닥을 비비게 될지 모른다.
세상이 뒤집히지 않았는데, 나 혼자 뒤집혀,
허공조차 바로 볼 수 없을 때를
미리 생각해두는 일은 끔찍하다.

죽음이란, 단지, 물러가지 않는 어느
튼튼한 벽과 영원히 만나
날개를 가두는 것이라고, 한 곳을 향해
모든 곳으로부터 등을 돌려야 할 뿐이라고.
고통 속에서 말하게 될지 모른다.

미끄러운 바닥에 일부분의 등을 대고 빙글빙글
다시 돌아가고 싶은
어둡고 침침한 곳을 하염없이 더듬고 있는
모습으로, 얼마 동안 버려지게 될지 모른다.

죽음, 변하지 않는
──노가리

활짝 열린 입 속으로 들어온 먼지들
가라앉는 먼지들, 길은 끝이 났다
오 오 오, 누가 입이 크냐 시합하는 듯
한결같이 말을 헛 지껄이는 듯
마지막 한마디 남기지 못하고
굳어버렸다 동굴 같은 입
몸의 일부에서 드디어 몸이
되었다 튀어나온 뒤 비로소
제자리를 찾았다 문을 잠그는 눈
숨어버리는 눈……

한 두름의 노가리, 뒤꼍을 꿰뚫고 간
마지막 순간을, 잊지 못하고 있다
힘없이 툭 툭 부러지고 마는 뼈가
있었다 오히려 살이 단단한 죽음
부러질 줄 모른다, 부드럽던 순간들아
부드럽던 평생의 살 속아, 꼬리를 흔들고
지나온 날들아, 터져서 아름답던 상처들아
붉고 끈적거리는 눈물을 펑 펑
쏟아냈다 상처를 잘 받아주었고

잘 견뎌냈다 이제 활짝 열린 입 밖으로
평생의 인내를 다 몰아냈다 문은 잠겼다
길은 끝이 났다

아아아아, 입만 크게 벌리고 있다
갈 곳을 잊고 있다 쓸쓸하고 변하지 않는
공기가 한 줌, 그 크게 벌린 입 안에서
자리를 잡고 있다

솜공장에서
—먼　지

어느 날 갑자기 내가 죽는다
내가 죽는다, 내가 숨쉬기를 멈춘다, 솜덩이처럼 각지게
묶인다 내 몸이 가졌던 열기가 쏙 빠지고
열기를 밀고 들어올 얼음, 칼끝으로 비유될 그것이
내가 마지막까지 놓치고 싶지 않은 침묵이며
너의 얼굴을 빼앗아간다 먼지들이 일어날 수도 없는
뻣뻣한 나를 덮어준다 방문의 틈 사이로 들어올 햇빛
한 줄기, 내가 그때 눈을 살짝 떴다 감으면
놀라서 도망갈 먼지들이, 천천히 나를 덮는다

라면국물 위에 하나씩
배를 깔고 퍼지는 먼지,
언제까지 기다려야
저 국물이 넘칠 것인가

나는 언젠가 이 무거운 몸을 버리고
환해질 것이다

그때는 아무것도 아닐
움직이지 않는 내 몸을 덮어줄 먼지들이
내 주위엔 얼마든지 있다

망둥어

망둥어들이 말라간다. 햇빛 속으로 마른 입
벌리고 있다. 대나무 꼬챙이에 끼여 일렬횡대로
줄을 맞추고 있다. 가을 햇빛 뜨겁고
슬레이트 지붕 위, 푸른 페인트 칠 말려온다.
속이 타고 자꾸 입을 벌려도,
물이 없다, 물살이 없다.

돌아갈 곳이 없다.

火 傷

 뒤끝을 새기며 비탈길 오른다. 눈 위에 버려진 연탄불을 만난다. 눈을 감기듯 구멍을 막아주고 싶다. 아직 덜 꺼진 듯 화끈한 얼굴. 언덕의 경사 각도에 금방 굴러떨어진 듯 기울어져 있다. 그러나 아직은 굴러떨어질 때가 아니다. 불씨를 속으로 감추고 있다. 응어리가 되어간다.

 수도 없이 불길을 허락한 푸석한 몸, 푸석한 껍질로 남게 될 몸, 사라지는 불빛 위에 언 손을 녹인다. 하나의 별처럼 火傷의 구멍들을 본다. 나는 돌아서서 오줌을 눈다.

 아직은 추위를 느끼고 있다고 피식피식 웃고 있다. 날이 풀리면 부스러져 길바닥을 덮을 한 줌의 재. 누군가의 발밑에서 먼지를 일으키며 가볍게 날아오를 꺼져가는 것이, 뿌옇게 매운 연기를 뿜어내고 있다.

불 면

1

흐린 날
아득하게 저려오는 다리를 펴며
쓴맛으로 마시는 커피 한 잔
그 약간의 설탕이 나를 녹슬게 한다.

어떤 날은 꿈속에서 나와
발을 씻고 있다.
물은 비어 있고
돌아갈 수 없다 나는,

깨이지 않는 마취에서
영영 가망이 없다.
형광빛 엑스레이로 드러나는 뼈
하얀 뼈 속에 내가 있다.

2

복선으로 깔린 철길에서 잠을 잔다.
하행으로 기차가 지나가면
상행으로 돌아눕는 잠,

멀리에서 가깝게 오기도 하고
복잡한 생각을 싣고 멀어지기도 한다.
더디게 오고 가는 시간을
선눈으로 느끼고 있는 눌림.
귀는 이미 밑변에서
심장과 아주 가깝게 붙어 있다.

사철나무
——지일*에서

어느 날
우리의 죄는 먼 곳에 있고
잎새 무성히 푸르다
밤새 입술이 부르르 떨려오고
잠을 이룰 수 없는, 겨울,
낮은 키의 울타리를 넘어오는 사람.
이불을 둘둘 말아 가슴속에 구겨넣고
먼 곳으로 보내는 편지를 써야 했다.
밤새, 우리의 죄는 먼 곳에 있고……
뼈 속으로 스미는 빗물에
그 무엇도 지울 수 없었다.
입술의 푸른 멍이 몸 구석구석으로
녹아들고 부르튼 열매들이 붉은
꽃을 피워냈다. 시퍼렇게
도는 피를 닮은 잎들, 문신들,
징징거리며 파고드는 노랫소리.
얼음의 목젖을 타고 흐르는 뜨거운
울음을 잊을 수 없고,

* 지일: 경북 경주군 현곡면 소현 2리.

沙 金

이제 그 눈물 속에서 보낸 밤들을 돌려보낸다
흐르는 강물아, 썩어 흐르는 강물아 그 깊은 밤들은 이제
끝이다 나는 지금 흰 모래에 섞여 빛나는 너의 눈빛을
갖고 있지만, 너를 만날 수는 없다 흐른 뒤 무거운 강물아
말 못 하는 너의 손을 잡고 바다까지 따라갔던 일을 잊는다
이제는 추억을 버려야 살 것 같다 어느 한 순간을 지배하던 아픔도
정들었다 어디로 갔느냐 나는 지금 겨울이다 강둑에 앉아 마른
풀을 만지며 흘러가지 않는 구름들을 본다, 전할 말 없느냐

成歡. 1980

 그해 겨울, 우리의 얼어붙은 가슴 위로 무너져내리던 함박눈도
 시들한 사랑처럼 멎고, 小邑에서 우리를 묶어놓는 것은
 아무것도 없었다 바람에 함박눈 내리듯 우리들의 침묵은
 언덕으로 쌓여갔고 흐린 일기의 세상은 때늦은 비명 소리를
 질러댔다 지나가는 기차는 보이지 않았다

 사랑의 날이 온다면 언젠가 그런 날이 와준다면
 탄불 위에 올라 먼지 앉고 불어터진 냄비 속의
 라면발 같은 얼어붙은 굶주림 같은, 겨울이 다 가기까지
 우리들은 피지 못한 복사꽃 무늬의 장판 위에
 군용 담요를 펴고 화투패를 돌렸다
 가끔씩 눈발이 환한 세월을 금긋고 지나갔고
 멀리에서 텅 빈 시내버스가 좁은 빙판길을
 체인 소리를 감으며 지나다녔다 누구 하나 사고를
 일으키지는 못했다

삼륜차 한 대가 다리 위에서 떨어졌을 뿐 졸음은, 우리를
 낭떠러지로 끌고 가지 못했다 우리는 귀에 익은 유행가를
 불렀다 절망은 우리의 몫이 아니었으므로 우리를 우울하게 하는
 사건은 없었다 올 것이 없으므로 더 와야 할 것이 없으므로
 우리는 더 이상 고개를 숙이고 걷지 않았다 멱살을 잡고
 흔들 이유가 없었다

 이곳에서 떠날 곳이 어디인가! 우리를 망가뜨리는 것은
 없었다 우리의 물음은 나무 위의 눈덩이를
 털어낼 줄도 몰랐고 불순한 일기 속에서 피어난
 개나리꽃을 보았지만 감격의 눈물은 더 이상 우리의 몫이 아니었다
 우리들은 가을에 잎 떨구고 얼어죽은 나무였기에 부활은

우리의 마음을 얼어붙게 했을 뿐, 얼어붙은 입으로 군침을 집어삼키게 했을 뿐……

 우리는 어려서 술주정을 배웠고 빈정거리거나 냄새 나는 입을 벌려
 욕을 지껄였다. 그해 겨울, 우리의 얼어붙은 가슴 위로 무너져내리던 함박눈도
 시들한 사랑처럼 멎고, 小邑에서 우리를 묶어놓는 것은 아무것도 없었다

成 歡
—— 저녁 노을

서쪽으로 철길을 건너면, 붉은 기와집들
成歡에서 더욱 붉게 타는 죽은 물고기의 비늘들
무겁게 젖소들 누워 있고 파리들은 식은 똥 위에
앉아 있다 젖소똥은 젖소보다 몇 배 더
많다 소똥보다 많은 말똥구리가 산다
뚜껑 덮은 우물이 흘러넘치고, 도망가는
노을이 있다

邑에서 서쪽으로 다리를 건너면, 젖소들이
똥을 깔고 누워 있다 게으른 젖소들이 일어나 풀을
먹는다 입가로 침 흘리며, 귀밑까지 찢어지는
젖소의 하품…… 검은 눈 속으로 노을이 온다

언제나 터널 끝인 노을, 피를 말리는 노을,
어디론가 도망가는 저녁, 노을

배나무집 女子

  成歡은 배꽃 천지다 成歡은, 배나무밭 천지다.
  봄비 오고 배꽃 피는 배나무 과수원길 걸어간다.
  白紙의 詩集 한 권 옆구리에 낀 채, 배나무집에 간다.
  이파리들 터져나오고 인적 없는 그 집엔
  배꽃이 피지 않았을 거다. 처음 보았던 배꽃은 아직 피지 않았을 거다. 앞으로도 그런 배꽃은 피지 않을 거다. 배꽃은 녹지 않는 눈이다. 내리지 않는 눈이다. 그리고
  배꽃은, 배나무집 女子가 안겨주는 작은 혹이다. 눈 한 번
  맞추지 못한 女子, 나 혼자 쳐다보고 感電된 그 女子의 먼
  눈이다. 배꽃은, 모래 주머니 같은 혹을 매단다. 배꽃은
  떨어져 오그라든다. 배꽃 피는 과수원길 끝에, 보일 듯 말 듯
  窓 하나 나 있다. 앙상한 배나무 그늘이 그물처럼 내려와
  색바랜 모기장과 먼지와 그 女子를 덮고 있다. 그

女子 혹 속에서
 조용히, 新聞을 찢고 있다.

1985년

다리 위에 물안개 걷히면, 보인다
저승에서 돌아오는 공원묘지 경주.
시간이 정지되고, 못박힌 나를 데리러 버스가
뒤로 달려왔다. 한동안 정류장이 무시되었다.
물안개 속을 지나온 자들의 구역질 흔적이
쌓여 있었다. 군데군데 단풍나무가 서 있었다.
강물에서 똥냄새가 났다. 새벽의 물안개 속에도
똥냄새가 났다. 우린 똥물 속에서 사는 물고기가 보고 싶어
하루종일 낚시질을 했다. 똥물이 밀려왔다.
우린 모두 참을 수 없었다. 빈 술병처럼 버려졌다.
엉뚱한 내용물을 채우는 버려짐, 몇몇은 사생아를 낳고
과거 없는 곳으로 떠났다. 녹슨 종탑에서 은은히 울려나오는
종소리를 들었다. 아침부터 미치고 싶어, 붉은 단풍 들어
조용히 미치고 싶어, 산에 대고 고함을 질렀다. 산이
대답 안 할 때까지.

우린 단풍나무야, 헛살고 있는 게 분명해, 매미가 울었다.

우린 눈물 없이 우는 법을 배웠다. 매미들이 골목 밖으로 나와

화투를 쳤다. 얼굴보다 큰 부채를 접고 무료에 지쳐 껌 씹으며 우리는

눈물 없이, 골방에서 나왔다.

成 歡
—— 가을밤

1

몸을 떨며, 벌레가 운다
나는 마음 한구석에 벌레 울음 소리를
채운다 때로, 벌레가 나를 울리기도
한다 작은 벌레가, 한 번도 본 적 없는
벌레가 우는 소리, 가을밤에 나는
울음 바다로 간다

마음속의 울음 소리 때문에, 숨을
거르곤 한다 벌레가 못 움직이도록
못 도망가도록…… 불 안 땐 방 안에서
숨막힌다

2

  소국이 피었다. 서리를 맞으며 오랫동안 피어 있는 꽃, 소국이
  노랗게 피었다 마른풀 냄새나는 저녁, 불빛 아래 꿈틀거리는, 떨어진 이파리들
  진물 가득한 벌레들이 몸을 뒤튼다
  쉬지 않고, 뒤튼다

  간이역 불빛 속에서, 벌레가 몰려온다

慶　州

　추억의 거대한 무덤들, 처량한 추억 때문에
　무덤 속으로 가고 싶다 부장품들 때문에, 추억 속이
　답답하다 추억의 부장품들이, 어느 날 갑자기 발굴
된다
　발굴되기 전에 추억 속으로 가기 위해, 무덤 밖에서
갇힌다 해떨어지기 전에, 오래 된 시체를 깔고 앉아
사내들이, 술을 마신다

빙 판

　얼마만큼 입김을 더 끌어낼 수 있을 것인가 저 높은 곳으로
　눈길을 내고 있는 철거민 家長의 마음속으로
　눈물이 되어 처박히던 눈발도 하얗게 잠이 드는 저녁
　굶주린 배를 밀고 들어오는 바람
　부풀어오르는 포장집 한 채
　헐렁한 것을 잃은 지 오래다
　눈길이 끝나는 곳은 폐허
　언제 다시 燈을 달고 살아갈 수 있을 것인가
　어두운 곳은 굶주린 자의 마음속에 등불 하나를 달게 한다
　천장 같은 데를 쳐다보게 한다
　빈 곳으로 번져오는 불빛들의 차가움
　틈틈이 들어와 잠드는 싸래기눈들
　불빛이 주고 가는 꿈들아 그 나머지의 현기증들아
　아아 돌이킬 수 없는 것들아

　밤은 다시 우리들을 길바닥에 눌러붙게 한다
　완전한 결빙을 이룰 때까지 아무도
　참견하지 않는다 우리는 거대한 콘크리트 벽에 매

달려 있다
　놓칠 수 없는 것을 붙잡고 있다

　우리는 길바닥에 눌러붙어 있는 얼음 덩어리
　누가 쉽게 떼어갈 수 있을 것인가

　아아 뻥 뚫린 구름 사이로
　얼음보다 차갑고 무거운 별빛들
　상처 속에서 은빛 소금처럼 빛나는 아이들 눈빛

잠만 자는 房

그해 겨울은 춥지 않았네. 그해 겨울은 아무 일도 없었네. 새끼손가락 걸었네. 다시는 오지 않을 겨울이었네. 눈 오지 않고 해 뜨지 않고 밤만 계속되었네. 종일 비만 내리고 다시 밤이 되어 잠들지 못했네. 그해 겨울이 가기 전에 房을 비웠네. 마르지 않는 꽃, 꽃을 보았네. 그해 겨울 내내 켜둔 형광등 부르르 떨고 있었네. 거울에도 時計에도 事典에도 책꽂이의 빈 칸에도 나는 숨었네. 밤비 오는 소리 창문을 때리고 나의 입술은 이제 아프지 않네. 半지하. 습기 올라와 꽃 마르지 않던 그해 겨울의 房 한 칸. 형광등 흑점 점점 커지던 그해 겨울은 춥지 않았네.

꽃봉오리들

칠 벗은 대문 활짝 열어놓고 짐을 옮긴다. 모두 입을 다물고
있다. TV가 나오고 냉장고가 나오고 장롱이 나오고
대문이 닫힌다. 家長인 듯한 사내가 둘둘 말려
붉은 끈에 꼭 묶인 장판을 들고 나와 쪽문을
닫는다. 그물처럼 목련나무 그늘 내려온다.

사내는 쭈그리고 앉아 담배를 태운다. 얇은 장판의 무늬들
떠오른다. 모래알이 두드러기를 일으킨 장판…… 아랫목
둥그렇게 탄 자국 그대로, 지지 않는 꽃봉오리들 겹쳐져
온다. 무늬들…… 목련 꽃잎 부르르 떨어진다. 트럭의 짐칸에도
하나둘 떨어져내린다.

붉은 燈을 달고 트럭이 언덕길 내려가고
흐린 하늘에 별이 뜬다. 줄기 없는 꽃봉오리들
피어난다.

겨울 나무 1

잃어버림을 곰곰이 생각하는 중이다.
체중 조절을 위해 아침마다
맨손체조를 하는 중,
갈수록 둔탁한 소리가
관절 사이를 옮겨다니며 일상을 괴롭힌다.

오늘에야 부끄러움도 제 얼굴로
익숙하다. 제 살 제 몸으로 부딪치며
다시 떠보일 눈을 감고 있다.

가늘고 긴 겨울,
뚜렷한 획을 긋고 있는
침묵의 힘이여.

겨울 나무 2

언덕배기에 서 있는 것이 초조했다.
잠도 없이 푸른 하늘을
새들이 어디서 날아와 사랑하는지
밤거리에 나간 형제들은
리어카 옆에서 고구마처럼 하얀 입김도
끌어내는구나.

III

판교리 1

잉카를 생각했다. 앙상하게 뼈만 남은 문명의 최후를
사회과 부도에서 본 전성기의 문명과 잡초들
우거진 잡초 사이에 우뚝우뚝 솟아 있는 콘크리트의 뼈대들.
일본식 나무집이 수풀에 걸려 까맣게 썩고 있는
폐광촌의 노을. 언젠가 언젠가 반짝이는 돌가루를 캐내던
이제 늙어 죽거나 폐병이 들어 마른기침을 하고 있을
사람들. 수탈된 노동의 밑을 쳐다보면 캄캄한 갱도,
바다 가까운 곳에서 끝났다는 금맥을 찾아
곡괭이를 들었을 사람들. 더러는 훌훌 털어버리고 떠났을
돌가루가 날리던 폐광촌의 새벽길.

판교리 2
── 무 덤

 더 벗겨낼 것 없는 노을. 허공 속 깊이 비밀을 파묻은 아카시아 숲으로 오는 어둠. 나는 눈을 감는다. 순간을 믿게 되었다. 내가 지우고 온 길 이 여. 생길 때부터 구부러져 있던 길이여. 나는 눈을 감는다. 더듬어 무덤 하나를 찾고 있다, 타버린 돌들로 뒤덮인 작은 무덤. 죽음은 늙지 않는 것이리. 어디서 꺼냈는지 무수히 작은 손을 흔들어댄다. 사는 것은 밖으로 독기를 뿜어내는 것이리. 녹슬은 돌은 그러나 가볍지 않다. 그리운 것들아 안녕. 죽음 위에서 손을 흔드는 억새여. 오래 된 밥풀처럼 딱딱한 가시여. 사람들이 남기고 가는 빈집, 풀이 자라나는 작은 무덤. 나 이제 너를 지우기 위해 여기 와 있다.

 떨 떨 떨 떨, 버스가 지우고 가는 피똥약 같은 어둠. 캄캄하면 너를 볼 수 있다. 너와 무덤 하나 만들고 싶다. 추억 속으로 무작정 난 길을 아아 불을 켜고 걸어가고 싶다.

판교리 3
— 鹽 田

길은 돌가루를 뒤집어쓰고 있다.
사라지고 있다, 너에게 가는 길은 가뭄 속이다.
들깨냄새 지독한 길이다. 침묵 속으로 끊어질 듯
나 있는 길. 차돌 위에서 반짝거리는 금속들.
차돌은 차가운 빛을 무한정 감추고 있다.
그러나 차돌 속은 캄캄한 침묵이다. 물이 펄펄 끓어 넘치고
있다. 침묵은 불덩어리다. 나는 오랫동안 불덩이를 가두고
참아왔다. 걸어온 길이 끊어지는 곳.
가뭄의 鹽田이 눈앞에 펼쳐놓는, 아픈 순간들……

나는 부스러진 차돌 같은, 가루 소금이 되고 싶다.
門 없는, 상처 속으로 스며들어가고 싶다.

판교리 4
──鹽 田

내가 추억하고 있다고 생각하는 곳에서
내 소금 조금을 원했네
나를 다시 알아보고 떠날 수 있도록.
　　　　　──에드몽 반더캄멘

1
노을은 물 위에 무수히 금가루를 뿌리고 간다.
뼈와 살이 녹는 밤은 셀 수 있을 만큼 짧다.
헛것이 보이고, 돌아누워도 낭떠러지가 나온다.
떠나고 싶어라 꿈속으로, 헛것뿐인 꿈속으로.
도망치고 싶어라, 얼음이 물 위를 막아도
보이는 속, 밟으면 푹푹 꺼지는 枕木의, 물 밑의
꿈속의 길. 입가에 허옇게 번지는 마른침……

종소리는 바늘처럼 쓰러진 몸을 찔러
잠을 깨운다. 수렁에서 건져올린 몸을 이끌고
밖으로 나간다. 鹽田의 하늘은 언제나 가장
멀리에 있다.

2

사광꽃은 아무렇지도 않게 피어 있다.
독기를 품고, 죽을 것 같아, 독기를 내뿜고
있다. 상처를 주고 말로 받는 사람들.
침묵에 매달려 살아가는 사람들.

아플 겨를도 없는 사람들의 마음속에는 검은
소금 창고가 들어 있다.

판교리 5

이파리 몇 개 매달고 가로수 아카시아 서 있다
아무 곳이면 어떤가, 아카시아 밑은
위에서 내려온 굵은 주름뿐이다
그리움을 땅속 깊이 파묻었다 가시를 높은 곳으로
내보냈다 뼈만 남긴 채 늙은 아카시아
버티고 있다 바람이 지날 때마다 말라버린 씨방이
흔들린다 문을 열고, 가래침 뱉는 소리를 낸다

판교리 6

먼지 나는 행길 아래,
엿장수 一家가 떠난 폐가가 있다
벌집 같은 버스 가끔씩 지나가고
담장 위에 박힌 병쪼가리 빛난다
장독대 옆에 물앵두꽃 뿌옇게 피었다
이파리 돋는 미루나무 마당가에 서 있다
지붕 위에 풀이 돋고 아지랑이 피어오르고……
빈 들판 건너 집들
백열등을 켜고 하나둘 들어앉는다
수없이 불의 혀가 내둘러진 구둣돌들
밖으로 나와 있다 문짝 떨어진 부엌이 구둣돌처럼 검다
파리똥 찍힌 알전구 하나 매달고
오랫동안 비어 있는 방, 스위치를 돌리면
끝없이 금가루가 떨어질 것 같다
가위 소리 울리며 엿장수의 리어카
돌아올 것 같다 어디선가 까치 소리 들려오고,

마당가 이파리 돋는 미루나무 꼭대기
속이 다 들여다보이는 까치집 한 채,
아득히 별빛을 담고 있다

판교리 7
─억　새

잠속에서, 무엇인가 태어날 것 같아 언뜻언뜻
눈이 뜨이곤 했다. 이슬에 젖은 기적 소리 들려오고
누군가 자욱이 먼지 날리며
다시 돌아올 것 같아 두려웠다.

슬픔의 아침은 흔들리지 않았다.
상처의 날들 깊은, 골짜기
아직도 두근거리는 발자국 소리
멀어져가는 소리……

틈없이 찬바람이 불었다.

몇 번인가, 다시 태어나고 싶었다.
우리는 벙어리인 체 가을 햇볕
저 멀리 머리를 흔드는, 빛나는
꽃을 보았다.

우리는 오랫동안 벙어리였다.

판교리 8
―먼지의 집

노을은 창문에 머물다 금방 간다. 창문에 기대어
조그맣게 뭐라고 말하려다 말을 감춘다.
기웃거리는 노을이 끔찍하다.

창문은 서쪽으로 나 있다. 떠나려는 노을이
붉어지는 집, 창문에
거꾸로 씌어진 글씨를 읽는다.
먼지의 집, 창문 안엔 멎은 지 오랜
벽시계가 걸려 있다. 엎어놓고 간
귀떨어진 대접들이 있다. 빈병에도
채워지는 먼지가 있다. 세월은 먼지를 먹고
배 부르다. 소주병의 鶴은 날개를 펴고 있을 뿐
어디로도 가지 못한다. 병마개들 흙 속에 박혀
녹슬어가고, 덥수룩한 수염들 탁자에 둘러앉아
기침을 한다, 목을 적신다.
별 볼 일 없이
죽어간 사람들을 떠올린다. 덜컹덜컹
먼지의 집으로 들어가 안 나오는
바람이 있다.

혼자 사는, 쓸쓸한 먼지의 집. 창문 안에
노을이, 붉은 燈을 켜놓았다. 한꺼번에 많은 사람들이
다녀간다.

판교리 9
── 돌

1
아득하게 투명한 풀잎 속에서,
돌들은 오랜 세월을 보내왔다. 붉게 변해왔다.
속까지 녹물이 스며들어 왔다. 우리 모두는 지하에서
지상으로, 버려졌다. 돌에 붙어 반짝거린다
녹물을 만났다.

잔칫날,
가슴에 매단 브로치에서 반짝거리는
아득한 날들. 눈감지 못하는 순간들……

마음은 양철지붕, 스산한 바람 불어가고
떨어진 밤송이들이 수없이
다녀간다.

2
길들은 구부러져, 엉켜, 무엇을 묶을 수도 없었다.
구부러진 채, 생각에 잠기게 했다.
떠나갈 땐, 한없이 뒤가 그리울 것이다. 뒤를

몇 번이고 쳐다보게 될 것이다.

비명을 감추고,
돌이 빛내는 곳으로, 우리는
돌아갈 것이다.

3
작은 불꽃을 숨길, 뭉툭한 돌이 하나
필요하리라. 영혼을 상하지 않게, 숨기기 위해
두툼한 돌 속으로 들어가리라.

어딘가에서, 다시 부딪칠지 모르는 사람들.
짧은 눈빛의 불똥이 튄다.
서로를 알아본다, 속으로 금이 간다.

콘크리트 골격 속

콘크리트 골격 속에서 손 내미는 철근들
꺾어진 손목, 앙상한 손가락 뼈들이
나를 부른다. 가늘어져 콘크리트 속으로
묻힐 것들이 나를 부른다, 나를 꺼내다오.
나를 꺼내 엿을 사먹어라. 그렇게 해봐라.

농사달력

테두리에 밥풀 먹여 붙였다.
아버지의 한 해를
지울 수 없는 꽃을 피웠을 벽지를
이제 찢어버리고 싶었다.
끈끈하게 이어온 가난한 날들을
나는 새 도배를 위해 제비처럼
도시로 나와 깨끗한 생활을 생각했다.
다락을 열고 문 뒤에 구멍 뚫린
벽을 보았었다.
불쑥 튀어나와 눈물나는 할아버지는
방바닥 귀퉁이 흙먼지로 가라앉았다.
깔끔하게 도배를 하고 싶었다.
도열병과 잎진무늬마름병에 쫓기는
아버지의 무력함 뒤에 숨어 있는
흉한 구멍으로 남은 할아버지까지
농협에서 나온 서부면내 전화번호부까지
그리고 여유가 있다면 얄팍한 장판까지
푹신푹신한 걸로 바꾸고 싶었다.

우비 속의 어머니

맨발로 뛰어다녀도 잡히지 않았다.
건조장 비닐 찢어진 조각들
밤동산에도 뒷산 소나무에도 걸려 나부끼는 저녁은
어깨 걸고 쓰러진 벼포기도 비에 젖어
피곤을 풀기에도 적은 어둠 속에서
어머니의 낮은 꿈이 우비 속에서나마
따뜻할까요.
죄 많은 것들 부서져라 천둥치는 저녁에
교회당 위로 우뚝 선 전기 십자가 위에도
환하게 드러난 십자가 위에 피뢰침이
가시처럼 박혀 있을 줄이야.
어머니의 미신은 성경보다 튼튼하여
여러 날 망가지고 상처입은 것을,
어머니의 우비 속에 무엇이
싹트고 있는가 저는 압니다.

옻나무

 붉은 줄의 족보는 땡볕에 태워버릴 것, 뾰족히 키를 세운 옻나무는 돌무더기 위 앙칼진 바람 다 지나간 뒤 빈 가지로 남아 살을 깎곤 했다. 에미도 모르고 책임질 수 없는 금줄의 내력이 떠오르는 식전, 짙은 안개 속에 고개들면 썰레썰레 흔들면 먼저 도착한 바람이 불고 뒤엉킨 뿌리가 술렁거릴 때 우 울음 울기 시작했다. 청청한 하늘 아래 흔들리지 않는 슬픔으로 애비의 눈을 가늠하며 닮우는 마을을 떠나던 날, 아무도 건드릴 수 없는 두들두들한 유서를 써야 했다.

半만 환한 달의 房門

달이 떴다. 달의 房 안에 누군가
불을 켜놓았다. 누군가
치통을 앓고 있다. 신음 소리 새나오지 않도록
입술을 깨문다. 아아 치통약 반쪽 같은
달. 힘센 발동기처럼 드렁드렁
房 안을 돌아다니는 어머니, 부딪치면
아픈 어머니, 치통약 반쪽을 감추는 어머니……

달이 떴다. 어머니를 깨워 보여주고 싶은
환한 달빛, 약 안 먹어도 안 아픈, 멀고먼.

향나무

그가 온다, 밤이 되기 전에 와서
가시가 되는 것이다. 두툼한 가시가
기다림의 가시가, 그대로 있다. 그가
다녀간 흔적들이, 혹 같은 열매들이
맺혀 있다.

불 속에서만 타오르는 연기의 냄새를 숨기고,
늙고 병든 여자가 숨어산다.
숨어산 지 오래 되었다.

측백나무 1

 코로 숨쉬면 아픈 기억이 생생하다. 입을 벌리면
썩은 이빨의 통증이 구역질을 내고 집을 떠나는
불화의 겨울이 싸락눈을 뿌린다. 옆에서 잠자는
어머니를 흔들어 깨운다. 쏟아지는 졸음의 눈 속으로 나는 눌린다.
 참아보거라 참아보거라, 검은 흙에서 싹이 돋아나고
깍지를 풀고 콩이 커진다. 어머니는 담에 걸린다.
 주르르 굴러간다. 문을 열고 침을 뱉거나 욕을
지껄이기에 너무 넓은 세상, 봄볕 속에서 걸어나오는
마른기침 소리. 뒤꼍의 보리수 나무는 꽃 피었고
꽃을 본 사람은 아무도 없었다.
 저 혼자 떨어지는 열매, 회색의 하늘.

 입이 벌어진다. 하나의 굳은 씨를 뱉고 침묵의 세월.
 늙어서도 죽지 않을 것 같은 사람, 돌아오지 않을 것 같은 사람.
 죽음의 냄새를 황혼은 두고두고 생각하게 한다.

측백나무 2

용서할 수 없는 일이 생각난다. 너를 보면
황혼 속으로 파묻히는 순결은 말이 없고
너는 왜 흔들리지 않느냐, 흔들리지 않느냐
멱살을 잡고 흔들었다.

너는 먼 산만을 쳐다보고 있었다. 먼 산
나는 먼 산을 보고 넘고 싶었다.

측백나무 3
──간이역

떠나는 나를 위해 병풍을 쳐주었다
떠나는 나를 위해
배꽃 피고 지는 마을 하나를 다 가려주었다
이대로 다시 돌아갈 수 없는 나를 위해
끔찍한 나를 위해, 내 마음의 열병을 위해.

땡 땡 땡 땡 땡 땡 땡 땡 땡 땡……

측백나무 4

밤들이 나를 감옥에 처넣었다.
달빛, 별빛들은 내게 와 복잡한 집을 지었다.
허물었다. 나는 구원받기 위해 누군가를 불러냈다.
그리고 입술이 붙었다. 아득한 높이에서 부스러기들이
쏟아졌다. 오래 못 볼 것 같은 하늘이 내려왔다.
먼저 입술이 하늘을 닮아갔다. 오래 된 책상 위에
더 오래 된 낙서들이 주인을 기다렸고…… 다시는 오지 않을
날들이 반복되었다.

어머니…… 밥상을 차리는 소리……
그래요, 나는 매일 병들었지요. 단무지처럼 노랗게, 아득하게
흘러간 날들. 시름시름, 아프지 않고 죽을 순 없는가?

나는 죽지 않았다. 나는 자식을 낳았다. 검은 피부의 아버지가
불쌍해졌다. 너는 시력이 나빠. 다가와 자세히 봐.

짙게 푸른 잎들의 목마른, 침묵의 빛 속을.

나는 피해왔다, 아니다. 나는 너를 피해갔다.
그리고 아무도 오지 못할 곳에 나는 이르렀다.

밤이 길어졌고, 잠들 방법이 없었다.
움푹 패인 두 눈에서 광기가 새어나왔다. 감겨지지
않는 눈, 뼈가
살 밖에서 보였다.
나는 죽을 순 없어, 베어져도 남길 것이
있어, 다시 살아나야 할 이유가 있어.
잘린 부분에서 자, 새로 태어나는
싹을, 두 눈 꼭 감고 지켜보아라.

촉수 낮은

족제비가 지나간 길목처럼
오랫동안 냄새가 끊이지 않았다.
부글부글 소리내어 끓는 물소리
등짝을 구기고 필라멘트처럼 흔들리는
흔들리는, 가슴이 무거워 아버지는
기울어 잠들고. 벌목처럼 부엌에 나가
맹물을 마시면 별이 빛났다. 꿈속에도
마른 다리가 아팠다.

몇 개의 공상이 불시착한 새벽에
다시 만나보는, 슬픔의 슬픔의 빛이여.

잔디씨

감자밭머리에 앉아 오래도록 기다렸네
그 아이 보이지 않고,
이십 년 가뭄도 퍼낼 수 없던
보창에 끈 풀린 별 하나 떨어져
풍금 소리 물소리에 막혔었네

그 아이 돌아오지 않고 기다렸네
개구리 울음 저벅저벅 울고
독새풀 헤치고 가는 초승달을 보았네

그 아이 무덤 위에
억센 조선잔디 보름처럼 입히고 싶었네
그 자리 억새 사이 빛 고운
잔디씨, 누런 봉투 가득 훑어
나만 홀로 학교에 갔었네

〈해 설〉

동물 알레고리의 가능성
——이윤학의 시를 읽으며

김　주　연

이윤학의 시는 새롭다. 그러나 새롭기 때문에 이윤학의 시가 빛나는 것은 아니다. 그의 시는, 오히려 새로운데도 불구하고 신선한 느낌을 주지 않는다. 많은 시들이 작은 짐승이나 벌레들을 다루기 때문일까. 이 이상한 새로움이 주는 의미 앞에서 나는 잠시 당황한다.

> 구더기는 몸담고 살던 구덩이가 싫어졌다
> 배가 불러오기 시작했다 기어올라가야 했다.
> 구덩이에서 알을 깔 수는 없었다
> 더러운 生을 물려줄 수는 없었다. (p. 17)

구덩이에서 알을 깔 수는 없다고 생각하는 구더기——이 불쌍한 꿈과 이윤학 시의 새로움은 깊은 관계가 있다. 왜냐하면 그 새로움은, 꿈은 인간의 것이라는, 오래 된 통념에 비켜서 있기 때문이다. 구더기가 꿈을 꾸다니! 정말이지 구더기는 구덩이에 있기 때문에 구더기가 아닌가. 그리하여 꿈은 이윤학에 있어서 높은, 푸른, 저 먼 어느 곳으로의 비상이 아닌, 더러운 벌레들과도 충분히 함께 있을 수 있는, 별것 아닌 것으로 가라앉는다. 이윤학의 새로움은 이렇게 시작된다. 우리의 꿈이 너무 허무맹랑했던 것은 아닌가 하는, 일종의 되돌아봄.

구더기는 어떻게 꿈꾸는가. 더 들어보자.

> 알이 눈에 띄게 커지고 몸이
> 투명해지기 시작했다 너희들만은
> 깨끗한 곳에서 먹이를 찾아야 한다
> 목숨을 위해 더러운 곳으로 떨어지지
> 말아야 한다 터질 듯이 부른 뱃속의 알을 끌고
> 수렁을 벗어났다 구더기는
> 목숨이 다할 때까지 아무도 모르는 곳으로 가
> 알을 낳았다 구더기는 빈 몸이 되어
> 눈부셨다 (p. 17)

구더기의 꿈은, 요컨대 "목숨을 위해 더러운 곳으로 떨어지지 말"기이다. 그것이 쉬운 일인가. 그야말로 꿈이다. 그도 그럴 것이 만약 그 꿈이 이루어진다면, 그때부터 구더기는 구더기가 아니기 때문이다. 이 시는, 그런데, 자세히 살펴보면 마치 그 꿈이 이루어진 것처럼 묘사되어 있다. 이미 구더기가 아닌 구더기. 정말이지 꿈인가, 생시인가. 그것은 확실히 시의 새로운 문법에의 도전이다. 구더기는 목숨이 다할 때까지 아무도 모르는 곳으로 가서 알을 낳은 것이다. 구덩이가 아닌 곳에서—— 그 알을 깨끗이 낳은 어미 구더기를 가리켜 시인은 "구더기는 빈 몸이 되어/눈부셨다"고 쓰고 있다. 이어서 시인은 다시 이 작품을 이렇게 마무리 짓는다.

> 호기심 많은 눈을 뜨고 빛을 몰고
> 밖으로 나가는 새끼들 (p. 17)

이윤학의 시에는 구더기 말고도 제비·개구리·달팽이·파리·잠자리·거미·염소·생선·바퀴벌레·망둥어·노가리 등등의 동물들이 많이 나온다. 나로서는 우리 시에서 거의 처음 만나는, 동물들의 대거 등장인데, 시읽기 이전의 인상은 그것들이 우화적인 분위기를 만들고 있다는 사실 정도일 것이다. 몇 부분을 골라보겠다.

i) 버리는 것이 빼앗기는 것보다 어려운 줄 아는
   제비떼가, 하늘 높이 까맣게 날아간다.

ii) 봉현이 형은 방위병이었다. 그는 한 마리 개구리였다.
    죽은 다음에 강해졌다. 강해지기 위해
    죽었다. 입을 닫고 눈을 부릅떴다. 살아 남은 者는

약하다, 그래서 울음 주머니가 필요하다.

iii) 집이 되지 않았다 도피처가 되지도 않았다
　　보호색을 띠고 안주해버림이 무서웠다
　　힘겨운 짐 하나 꾸리고
　　기우뚱 기우뚱 어디로 가는지 모르면서
　　얼굴을 내밀고 살고 싶었다 속살을
　　물 위에 싣고 춤추고 싶었다

iv) 뒤집힌 숟가락 위에도 파리는 앉아 있다
　　파리는 오랫동안 옮겨 앉았다 정육점
　　전자저울 위에도 앉아 보았다 그러나 그러나 무엇 하나
　　변화시키지 못했다 옮겨다니며 알을 까고 싶었다

v) 염소는 물 속에 몸을 던졌다
　　물 속에서 뿔이 구부러져 흘러갔다 이제
　　몸을 던질 차례다 그러나, 그러나 아직은
　　물 속까지 닿아 있지 않은 말뚝의, 고삐의 당김이
　　목을 껴안고 흐느끼게 했다

　i)은 「제비집」, ii)는 「개구리」, iii)은 「달팽이의 꿈」, iv)는 「눈을 뜨고 죽은 파리」, v)는 「염소를 위하여」의 일부분들이다. 이 인용된 부분들을 읽으면서 유도된 공통점은, 이들 짐승이나 벌레들이 단순한 시적 사물 이상의 의미를 갖고 있다는 점이다. 말하자면 일시적인 대상 아닌, 만만찮은 시의 중심에 자리잡고 있는 것이다. 제비는 "버리는 것이 빼앗기는 것보다 어려운

줄 아는" 지혜의 소유자이며, 개구리는 "죽은 다음에 강해지는" 진리를 보여주는 알레고리의 주인공이며, 달팽이는 기우뚱거리면서도 "얼굴을 내밀고 살고 싶어하는" 소박한 희망을 갖고 있다. 물론 파리 역시 "옮겨다니며 알을 까고 싶어하는" 욕망에 사로잡힌, 꽤 의젓한 주역들이다. 요컨대 이들은 동물들이지만 사람들의 관찰의 대상이나 이용물이기를 선천적으로 거부하고 있는, 그렇다, 이들은 이들 시 작품 속에서 당당한 시적 자아인 것이다. 시인은 이들 동물들 속으로 기꺼이 들어가 이 세속의 일상을 벗어버리고 비로소 시인이 된다. 이러한 시적 인식은, 그 자체로서 반드시 바람직한 것은 아니다. 마치 카프카의 「변신」에서 해충을 만나 끔찍한 체험을 하듯이, 구더기의 꿈 앞에서 우리는 시인과 기분좋은 동행을 할 수는 없다. 그 다소간의 기분 나쁨은 우선 우리 자신이 비소화(卑小化)되고, 동물 수준으로 왜곡·격하되는 데에서 오는 무의식적인 반발과 관계된다. 그러나 약간의 혐오감을 동반하는 이 반발이야말로 이윤학이 노리는 절묘한 과녁이다.

  동물화된 시적 자아가 보여주는 것은 잠언, 혹은 알레고리적 세계이다. 앞에 인용된 부분으로 다시 돌아가보자. 제비의 비상을 묘사하고 있는 이 시는 제비가 마음이 약한 존재라는 점, 떼지어 앉아 다수결을 존중하는 새라는 점, 버리는 것이 어려운 줄 알면서도 제비집을 버리고 하늘로 다시 날아간다는 사실을 전언함으로써, 그 제비가 우리들 인간의 통속적 일상을 압

도하는 알레고리적 교훈의 전달자임을 말해준다. 애써 지은 집을 버리고——인간들이 그 집을 헐어버리리라는 것을 알면서도!——거듭거듭 비상을 새로이 하는 제비의 시적 자아는 이런 의미에서 충분히 감동적이다. 분열된, 수많은 상처로 찢기워진 존재임을 호소하는 소위 모더니즘과 포스트모더니즘의 절망적인 혹은 위악적인 시들의 범람 속에서 이윤학의 제비는 제법 품위마저 있어 보인다.

그런가 하면 개구리가 된 시적 자아는 슬픈 좌절을 이야기해준다. 「개구리」에서의 개구리는 죽은 개구리이며, 그것은 한 방위병의 시적 비유로 사용된다. 그 방위병은 죽었던 것이다. 이 부분을 시인은 "죽은 다음에 강해졌다. 강해지기 위해/죽었다"고 그 표현을 서로 바꾸어놓고 있는데, 요컨대 그 죽음은 강한 울림을 갖는 죽음이라는 메시지다. 그는 입을 닫고 눈을 부릅떴다. 그 모습이 마치 개구리 같다. 그 모습은 아마도 억울한 자의 한 전형처럼 보일 수도 있다. 개구리는 그렇게 씌어지고 있다. 시는 이렇게 계속된다.

> 그를 낳아준 사람은 없었다. 그는 하늘에서
> 쪽다리 밑으로 떨어졌다. 길가에 내팽개쳐진
> 한 마리 개구리였다. 흙 위에 짧고 흰 혀를 쏟아놓고
> 뒤집혀 죽은 개구리, 개구리는 때묻지 않은 쪽박을
> 갖고 있다. 타고 갈 배 한 척을 준비하고 있다.

개구리는, 부모와 가정조차 없이 내팽개쳐진 상태의

죽음을 비유한다. 그러나 시인은 희한하게도 그 개구리에게서 "때묻지 않은 쪽박"을 발견한다. "타고 갈 배 한 척을 준비하고" 있음을 눈치챈다. 이러한 낙관적 시선은 대체 어디에서 오는 것일까. 그것은 죽음을 단지 죽음으로 수락하지 않는 시인의 원초적인 모티프와 관계된다. 죽은 다음에 오히려 강해진 개구리의 죽음. 그 최초의 발상은 흙 위에 짧고 흰 혀를 쏟아놓고 뒤집혀 죽은 개구리를 오히려 때묻지 않은 쪽박으로 바라보게 한다. 여기에는 죽어서 차라리 승리한다는 비장한 잠언적 세계가 깃들여 있으며, 그러한 세계 인식이 모든 비극을 단순한 비극으로 멈추게 하지 않는다. 그렇기 때문에 죽은 개구리가 마치 살아서 타고 갈 배 한 척을 준비하고 있는 것 같은 상상이 가능해진다.

바다까지 끌어줄 일꾼을 기다리고 있다. 햇살이 눈부시게
하얀 배 위에서 빛나고 있었다. 경련이
영혼을 데리고 어디론가 떠날 때까지
영혼에 묻은 불순물을 털어내는 것처럼
온몸이, 사정없이 떨렸다. 감지 못한 눈이
흰자위로 가득찰 때까지.

개구리는 죽은 자신을 바다까지 끌어줄 이를 기다리고 있다. 죽은 몸에서 경련이 일자 영혼이 어디론가 떠나면서 불순물을 털어내는 것같이 느낀다. 이러한

묘사는 죽음의 영생적 의미를 강화하고, 인간의 삶과 달리, 인간보다 못한 새나 동물에게서 오히려 그 의미가 살아 있음을 보여준다. 시적 자아의, 이러한 동물적 변신은 그러므로 동물 수준으로의 격하 아닌 일종의 환생적 기능을 하고 있다. 인간 현실의 비극적 상황에 대해 순응과 절망을 동시에 거부하는 그의 시적 구원의 방법이라고 할 수 있다.「달팽이의 꿈」에 나타나고 있는 그 소박한 실현의 형태를 보자.

> 집이 되지 않았다. 도피처가 되지도 않았다.
> 보호색을 띠고 안주해버림이 무서웠다
> 힘겨운 집 하나 꾸리고
> 기우뚱 기우뚱 어디로 가는지 모르면서
> 얼굴을 내밀고 살고 싶었다 속살을
> 물 위에 싣고 춤추고 싶었다
> [………]
> 입으로 깨물면 부서지고 마는
> 연체의 껍질을 쓰고도
> 살아갈 수 있다니

달팽이의 꿈은 고작 얼굴을 내밀고 살고 싶은 것. 속살을 물 위에 싣고 춤추고 싶은 것. 그것은 꿈이라기보다 달팽이의 달팽이된 아이덴티티의 확인에 지나지 않는다. 그러나 달팽이에겐 그것조차 쉽지 않다. 그럴 경우 그의 생존은 언제나 위협받기 때문이다. 따라서 연체의 껍질이나마 쓰고 살아갈 수밖에 없는 것이 그의 실존이다. 이 달팽이는 어쩌면 인간 실존에 가장 근접해 있는 상징일 수 있다. 시인은 마치 달팽이가 되어 연체 껍질 밖으로 나오는 것을 두려워하고 있는지도 모른다. 동물화된 시적 자아는 이렇듯 실존의 은폐 기능을 하기도 한다. 그것은 아이덴티티가 확보 안 된 채 실존이 위협받는 상황에 대한 한 알레고리적 비판이다.

이윤학 시에 빈번히 나타나는 이 같은 동물 상징, 혹은 비유의 탁월한 효과는 그 알레고리성에 있다. 알레고리는 곧장 인생에 교훈적 의미를 연관시켜주면서 우리 삶의 왜곡된 부분부분을 상기시켜준다. 그 상기는 우리를 고통스럽게도 하고, 우리를 슬프게도 한다. 그러나 거기에는 근본적인 전망이 언제나 열려 있다. 이 시인의 시가 고통과 불행에서 출발하면서도 서늘한 느낌을 주는 것은 그 까닭이다. 그 관계를 보여주는 아름다운 시 한 편을 그 앞부분만 인용해보자.

> 몸을 떨며, 벌레가 운다
> 나는 마음 한구석에 벌레 울음 소리를
> 채운다 때로, 벌레가 나를 울리기도
> 한다 작은 벌레가, 한 번도 본 적 없는
> 벌레가 우는 소리, 가을밤에 나는
> 울음 바다로 간다 (p. 48)

벌레와의 이 심정적 동화는, 무엇보다 벌레에 대한 따뜻한 애정의 소산이며, 그것은 생명 사랑 이외 다름 아니다. 그러나 조금 자세히 뜯어보면 시인은 그 스스로를 벌레처럼 느끼는 자기 연민을 품고 있음이 발견된다. 그러나 특이하게도 그것은 자학이나 또 다른 종류의 불행으로 시인을 인도하지 않는다. 그는 벌레와 교환하면서 그저 "운다." 그것은 일종의 공감인데, 이 공감의 정서가 바로 이윤학 시의 전망을 열어놓고 있는 것이다.

시인은 시적 대상을 매개로 해서 자신의 추상을 구체화하는 사람의 이름이다. 이 매개가 약해지면 추상은 그대로 추상에 머무르거나, 추상을 더욱 강화한다. 이윤학 시에서 그 매개는 분명하고, 따라서 그의 시 전체의 분위기는 상당히 구상적이다. 그럼에도 불구하고, 그의 시 곳곳에는 관념적인 냄새가 나고 있다. 그 매개가 동물적인 요소인 데다가 자칫 신비적인 느낌을 주어, 구체적인 공감의 동행을 저해하기 때문일 것이다. 이러한 시적 습관 때문에 동물을 다루지 않은 시에서 오히려 더 관념적인 느낌을 줄 때가 있다. 그것은 아마도 신인으로서의 연륜 탓일 것이다. 그 연륜은 이제 싱싱한 새로움이 되어 우리 시의 새로운 국면을 열어주는 방향으로 나가야 될 것이다. 그 자신 「판교리 3──鹽田」에서 맑은 어조로 분명히했듯이.

그러나 차돌 속은 캄캄한 침묵이다. 물이 펄펄 끓어 넘치고
있다. 침묵은 불덩어리다. 나는 오랫동안 불덩이를 가두고

참아왔다. 걸어온 길이 끊어지는 곳.
가뭄의 鹽田이 눈앞에 펼쳐놓는, 아픈 순간들……

나는 부스러진 차돌 같은, 가루 소금이 되고 싶다.
門 없는, 상처 속으로 스며들어가고 싶다.